Die Fähre von Friedrichshafen auf ihrem Weg ins schweizerische Romanshorn.

Die alte Meersburg thront seit vielen hundert Jahren über dem Seeufer.

Markus Mauthe

Bodensee

Drei Länder, ein See im Herzen Europas

Rasch & Röhring – Regio

Der Inhalt dieses Buches wurde auf Papier
mit chlorfrei gebleichtem Zellstoff gedruckt.
Das Einbandmaterial ist recyclebar.

Die Deutsche Bibliothek – CIP Einheitsaufnahme

Bodensee, Drei Länder, ein See im Herzen Europas
Markus Mauthe
Steinfurt, Tecklenborg Verlag, 2003
ISBN 3-934427-36-7
NE: Mauthe, Markus

1. Auflage 2003

Siemensstraße 4, D-48565 Steinfurt

Layout: Jan Tölle
Redaktion und Lektorat: Stefanie Tecklenborg
Karte: Alpen-Verlag München
Gesamtherstellung: Druckhaus Tecklenborg, Steinfurt

ISBN 3-934427-36-7

Zeit zum Entspannen – Abendstimmung am Seeufer.

Inhalt

Säntis
2503
Bludenz
Feldkirch
St. Gallen
Bregenzer
Wald
Dornbirn
Rorschach
Arbon
Frasnacht
Altenrhein
Romanshorn
Pfänder
1064
Bodensee
Bregenz
Lindau
Bad
Schachen
Wasserburg
Nonnenhorn
Langenargen
Kressbronn
Eriskirch
Friedrichshafen
Tettnang

Luzern
Zürich
Waldshut
Schaffhausen
Gaienhofen
Untersee
Zellersee
Reichenau
Gnadensee
Radolfzell
Singen
Kesswil
Kreuzlingen
Konstanz
Wollmatingen
Land-
schlacht
Münster-
lingen
Hegne
Allmannsdorf
Litzelstetten
Staad
Immenstaad
Hagnau
Meersburg
Mainau
Dingelsdorf
Überlinger See
Unter-
uhldingen
Birnau
Überlingen
Sipplingen
Ludwigshafen
Markdorf

Gleich hinter Lindau beginnt die hügelige Landschaft des Vorderallgäu.

Nachfolgende Doppelseite:
Blick von Seefelden zum Säntis: An manchen Herbsttagen gibt der Föhn diese herrliche Aussicht preis.

Vorwort

Über den geliebten Bodensee zu schreiben, macht mir besonders viel Freude. Ständiger Begleiter von Kindheit an, stets neue Stimmungsbilder bietend, den Alpsee durch die österreichischen und schweizer Alpen am Horizont deutlich aufzeigend, birgt er wohl die Anziehungskraft in sich, die alle Menschen beherrscht, die am Bodensee geboren und aufgewachsen sind. Die gemütliche, warmherzige und nur bedingt von Tatendrang geprägte Mentalität der Menschen am See macht diese Region zu einem Feriengebiet „par excellence".
Diese fruchtbare, vom Klima verwöhnte Landschaft, voll gefüllt mit vorzüglichem Obst und gehaltvollem Wein, beschenkt mit der badischen, bayerischen, Schweizer oder Voralberger Küche, weist wie wohl kaum eine andere Raumschaft die Vielfalt von drei Anrainerstaaten am Internationalen Bodensee auf.
Drei besonders interessante Inseln bereichern die über Jahrhunderte von historischen Begebenheiten geprägte Region: Reichenau, Lindau und Mainau. Von den Mönchen des Klosters St. Gallen wurde die Insel Reichenau im 8. Jahrhundert christianisiert und mit drei wunderbaren Kirchen ausgestattet, die noch heute im Mittelpunkt historischer Geschichte stehen. Das Münster St. Maria und Marcus in Mittelzell, St. Georg in Oberzell und St. Peter und Paul in Niederzell sind ein absolutes „Muss" für geschichtsbewusste Bodensee-Besucher und seit 2000 ist die Insel Reichenau UNESCO Weltkulturerbe.
Lindau, die bezaubernde mittelalterliche Inselstadt, einst Heimat des „Lieben Augustin", von Wolfram Geißler in seinem Roman in lebhafter Art beschrieben, und heute ein beliebtes Ferienziel am bayerischen Ufer, hat sich auch durch die „Tagungen der Nobelpreisträger" seit 1951 weltweit einen Namen gemacht. Heute treffen sich jährlich 20 – 30 Laureaten der Medizin, Chemie, Physik und Wirtschaftswissenschaften mit etwa 500 Studierenden aus aller Welt zum wissenschaftlichen Dialog der Generationen über alle Kulturen hinweg. Eine Frage, die nie wirklich beantwortet werden konnte, ist, ob die Schweden im dreißigjährigen Krieg gerade in Lindau eine Flotte requiriert haben, um gegen die Mainau auf der anderen Seite des Bodensees zu segeln.
Die Insel Mainau wurde also 1648 vom schwedischen Reichsmarschall Carl Gustav Wrangel kriegerisch eingenommen und zwei Jahre lang besetzt. Dies war eine Unterbrechung der 500jährigen Regierungszeit des Deutschen Ordens, der die Insel 1807 bei der Säkularisation an das Land Baden verlor. Knapp 300 Jahre nach der schwedischen Schreckensherrschaft, nämlich 1932, kam ein junger Schwede in absolut friedlicher Absicht auf das Eiland, um im Auftrag seines Vaters, Prinz Wilhelm von Schweden, der die Insel von seiner Mutter, Königin Viktoria von Schweden (gebürtige badische Prinzessin) geerbt hatte, einen schwimmenden Dschungel aus dem Dornröschenschlaf zu erwecken: Lennart Graf Bernadotte af Wisborg. Er hat die Herausforderung angenommen und die Mainau zu dem gemacht, was sie heute ist – ein blühender Schlosspark, Anziehungspunkt für Gartenliebhaber und Menschen aus aller Welt, die in der Begegnung miteinander in vollendet gestalteter Natur Erholung suchen.
Noch ein wichtiger Aspekt muss uns allen, die wir die Gnade haben in dieser Landschaft leben und wirken zu dürfen, besonders am Herzen liegen. Der Bodensee ist grösster Trinkwasserspeicher Europas. Mit der ihn umgebenden, sensiblen Landschaft behutsam umzugehen und sie für kommende Generationen zu schützen, zu bewahren und vorsichtig weiterzuentwickeln ist unsere vornehmste, ja wichtigste Aufgabe.
Dies ist eine von mehreren Erklärungen, warum die gesamte Familie Bernadotte auf Schloss Mainau den Bodensee liebt und sich stets für sein Wohl einsetzen wird.

Gräfin Sonja Bernadotte

Lindau

Der Zauber der Insel

Vorhergehende Doppelseite: Dunkle Gewitterwolken, durchdrungen von warmem Abendlicht, lassen die historische Stadtzeile am Lindauer Hafen in voller Schönheit erstrahlen.

Wie ihre Schwestern Mainau und Reichenau liegt auch die Insel Lindau nahe am Festland und beherbergt im Vergleich zu den anderen beiden mäßig besiedelten Inseln eine ganze Stadt. Mit Brücke und Eisenbahndamm ist die Insel mit dem Festland verbunden und ragt mit ihren 62 Hektar Fläche nicht weit von der Bregenzer Bucht in den Obersee hinein.

Stilvollste Ankunft bietet sich, wie könnte es anders sein, über den Seeweg. Wenn man in Lindau mit dem Schiff anlegt, wirkt die Hafenansicht wie eine romantische Kulisse aus dem letzten Jahrhundert. Der alte Leuchtturm, auch Mangturm genannt, sticht als markanter Punkt der ehemaligen Stadtbefestigung vor dem Hafenbecken ins Auge. Von hier aus eröffnet sich ein herrlichen Blick nach Bregenz, Richtung Bregenzer Wald und zum Schweizer Alpmassiv. Der neue Leuchtturm flankiert zusammen mit dem bayrischen Löwen die Hafeneinfahrt und heißt vor allem in den Sommermonaten unzählige Touristen willkommen.

Das Stadtbild Lindau ist geprägt von schmucken Bürgerhäusern, prächtigen Kirchen, historischen Plätzen, mittelalterlichen Türmen, Brunnen und belebten Promenaden, die zum Verweilen einladen. Auch das noble Stadtviertel Bad Schachen auf dem Festland ist ein Ausflug wert.

Vom Hoyersberg hat man einen der schönsten Ausblicke auf die Insel. An klaren Tagen erscheinen die Alpen zum Greifen nah.

Der schönste Leuchtturm am See steht in der Hafeneinfahrt von Lindau.

Hier kaufte einst der bayrische Prinz Luitpold die Villa „Amsee“ der damit den Anstoß für weitere Adelige der Schickeria gab, sich ebenfalls hier anzusiedeln. Obwohl sich die Häuser heute meist in weitläufigen Gartenanlagen verbergen und den Zugang zum See verhindern, lohnt sich der Weg nach Bad Schachen. Denn unterhalb der Sommerresidenz Lindauhof liegt der große, schön angelegte Friedenspark, der einen grandiosen Blick hinüber zur Insel freigibt.
Einmal jährlich wird Lindau zum Treffpunkt für Segler. Bei der sogenannten „Rund um“ – einer Langstrecken-Regatta – sammeln sich vor dem Lindauer Hafen unzählige Segelboote, um im Sonnenuntergang zur nächtlichen Seeumrundung zu starten. Die erste Regatta im Jahr 1950 muss eine beschauliche Angelegenheit gewesen sein, als nur 40 Schiffe am Start waren und sich die Segler noch alle untereinander kannten. Damals war es noch eine Tag Regatta, doch schon zwei Jahre später wurde sie in die Nacht verlegt – weil dort die Chance auf Wind größer ist. Die gesegelten Bestzeiten für die mindestens 100 Kilometer lange Strecke lagen damals noch zwischen 10 und 20 Stunden. Heute nehmen 450-500 Schiffe an der Regatta teil. Nach dem abendlichen Start auf der 2,5 Kilometer langen Startlinie vor der Lindauer Insel werden die ersten Boote manchmal bereits ab 1 Uhr morgens zurück erwartet. Der Rekord aus dem Jahr 2000 liegt bei 5 Stunden und 4 Minuten. Die „Rund um“ genießt in Deutschland, Österreich und der Schweiz ein hohes Ansehen. Es nehmen sowohl internationale Spitzensegler mit hochgezüchteten Sportgeräten, als auch die Eigner gepflegter Holz-Traditionsyachten und die Besitzer behäbiger Familienschiffe gemeinsam teil. Und auch wenn die Mehrheit der Segler weiß, dass es für einen Siegerplatz nicht reichen wird, fahren sie trotzdem mit. Dabei sein ist alles - bei einer der größten Herausforderungen für Segler auf europäischen Binnengewässern!

Der Mangturm am Hafenplatz ist einer der markantesten Bauwerke Lindaus und war wichtiger Bestandteil der historischen Stadtbefestigung.

Das alte Rathaus aus dem Jahr 1422 ist mit Szenen der Lindauer Stadtgeschichte bemalt.

Der bayrische Löwe, gegenüber des Leuchtturms, wacht über die Stadt.

Die „Rund um", eine Segelregatta, lockt jährlich viele Wassersportfreunde nach Lindau. Über 400 Segelboote gehen im Wasser vor der Insel an den Start.

In den Wintermonaten zieht Lindau abermals Sportbegeisterte an. Die nahe gelegenen Berge laden zum Rodeln, Langlaufen und Skifahren ein. Und nicht selten ist bei den winterlichen Temperaturen der kleine See zwischen Festland und Insel zugefroren und bietet eine spiegelnde Fläche zum Schlittschuhfahren.
Aber auch geschichtlich hat Lindau einiges zu bieten. Die Stadtgeschichte beginnt mit der Gründung eines Klosters für adelige Frauen in der ersten Hälfte des 9. Jhs. Doch wirtschaftlichen Aufschwung erlebte die Stadt erst um 1079, als der Markt vom Festland in Aeschach auf die Insel verlegt wurde und den Lindauer Hafen zum Umschlagplatz für Waren aus Bayern, Franken und Schwaben werden ließ. Im 13. Jh. wurde die wohlhabende Siedlung schließlich freie Reichsstadt. Seine Blüte erlebte Lindau im 15. Jh. durch den Handel mit Italien. Im Mittelpunkt des politischen Geschehens stand Lindau, als 1496 im Saal des Rathauses der Reichstag tagte. Dieses schmucke Gebäude wurde 1422 in einem Rebgarten erbaut und verkörpert Merkmale verschiedener Stilepochen. Besonders eindrucksvoll ist dabei die Wandbemalung mit Details der Lindauer Stadtgeschichte und die überdachte Freitreppe mit der Darstellung der 10 Gebote. Heute beherbergt das „Alte Rathaus" das Stadtarchiv und sticht durch seine bis in alle Einzelheiten genaue Wandbemalung bei einem Rundgang durch die Stadt direkt ins Auge. Anfang des 19. Jhs. endete die politische und wirtschaftliche Freiheit Lindaus und die Insel ging an Bayern über.

Zu Beginn des 3. Reichs hatte Lindau bereits sehr früh einen nationalsozialistischen Bürgermeister und wurde als eine der letzten Städte von den Alliierten befreit. In den Nachkriegsjahren war es von Bayern abgetrennt und besaß als französische Besatzungszone eine politische Sonderstellung. Erst 1955 kam es wieder zu Bayern.
Trotz des gewaltigen Besucherstroms hat Lindau seinen Charme bewahrt. Es vermittelt nicht den Eindruck einer Touristenmetropole. Mit seinen 25.000 Einwohnern verkraftet das Städtchen die vielen Gäste ohne Identitätsverlust. Und obwohl dort jährlich Nobelpreisträger tagen und seit 1950 jedes Frühjahr Psychotherapiewochen stattfinden, sind Lindau die vielen Besucher nicht zu Kopf gestiegen.

Wasserburg

Schnee ist am Bodensee in den letzten Jahren ein seltener Anblick gewesen. Ein kalter Wintermorgen, selbst mit nur wenig weißer Pracht, lohnt sich zum Morgenspaziergang allemal.

Idyll am See

Historische Badehäuser am Seeufer sind rar geworden. Hier bei Wasserburg gibt es sie noch.

Vorhergehende Doppelseite:
Dem Ufer vorgelagert, liegt die Kirche mit den Zwiebeltürmen wie ein Schmuckstück am Wasser.

Nachfolgende Doppelseite: Zum Kressbronner Hinterland gehört auch das Dörfchen Gattnau, eingebettet in mit Obstbäumen bewachsene Moränenhügel.

Wasserburg wurde bereits im Jahr 784 erstmals in Urkunden erwähnt und gehört zu den ältesten Siedlungen im Bodenseeraum. Die hübsche St. Georg Kirche mit dem barocken Zwiebelturm liegt weit vorgeschoben am Seeufer. Direkt daneben steht das Schloss, das eher einer Burg gleicht und der kleinen Gemeinde am Abend eine unverkennbare Silhouette verleiht. Es wurde im 14. Jahrhundert auf den Grundmauern der alten Burg erbaut und gelangte 1537 durch eine Schenkung in den Besitz des Grafen von Montfort. Heute wird es als renommiertes Hotel geführt, das eine herrliche Terrasse zum Bodensee hin besitzt.
Wie Lindau, so war auch Wasserburg einst eine Insel, die über eine Zugbrücke Verbindung zum Festland hatte. Die Augsburger Kaufmannsfamilie Fugger nahm ab dem 16. Jahrhundert großen Einfluss auf den Ort und ließ den trennenden Wassergraben im Jahr 1720 zuschütten. Grund dafür war eine finanzielle Not, die es ihnen nicht mehr ermöglichte, die Zugbrücke zu reparieren. Seitdem ist Wasserburg eine Halbinsel. Der idyllischen Lage tat dies jedoch keinen Abbruch, was an den 1700 Hotelbetten deutlich wird, die dieses 3000-Einwohner-Dorf für Besucher bereithält. Der Schriftsteller Martin Walser wuchs hier auf. Er ist der berühmteste zeitgenössische Schriftsteller der Bodenseeregion.

Kressbronn

Geburtsstätte der Schiffe

Die alte Hängebrücke über die Argen wird heute nur noch von Radlern, Inlinern und Spaziergängern benutzt.

Ende April ist eine wunderbare Zeit, um zwischen Kressbronn und Langenargen mit dem Fahrrad auf Entdeckungstour zu gehen. Nur in den kurzen Wochen des sich färbenden Herbstlaubes, zeigt sich die Natur ähnlich intensiv wie zur Obstbaumblüte.

Bedingt durch die Schäden des Hochwassers der vergangenen Jahre, musste leider einer der letzten historischen Holzstege abgerissen werden und einem modernen stabilen Betonsteg weichen.

Kressbronn bezaubert durch seine Landschaft. Umgeben von Obstplantagen und Hopfengärten verwandelt sich die Gegend im Frühling zu einem farbenfrohen Blütenmeer und lädt zu Spaziergänge und Radtouren über die Moränenhügel des Hinterlands ein.
Besonders die Zeit der Kirsch- und Apfelblüte ist dabei ein ganz besonderes Naturschauspiel. Das Kressbronner Blütenfest und der angelegte Wein- und Obstlehrpfad machen deutlich, wie sehr die 7000-Einwohner-Gemeinde mit dieser Form der Landwirtschaft verwachsen ist. Wer Urlaub auf dem Bauernhof liebt, dem steht hier nichts mehr im Wege – egal ob im Hinterland am idyllischen Schleinsee oder im Heuhotel direkt im Ortskern.
Aber auch durch die Technik hat sich Kressbronn einen Namen gemacht. Über die Region weit hinaus bekannt wurde der Ort durch die 1919 gegründete Bodan-Werft, in der Schiffe für die Bodenseeflotte, aber auch für den Transport auf Schweizer Seen und den Niger gebaut wurden.
Nahe der Argenmündung stößt man auf die älteste erhaltene Hängebrücke Deutschlands. Sie verbindet Kressbronn mit Langenargen und ist 1887-98 nach dem Vorbild der Schwurplatzbrücke in Budapest erbaut worden. Mit ihren 130 Metern tragenden Kabeln galt sie seinerzeit als technisches Wunderwerk und es heißt, sie wurde als Konstruktionsvorbild für die Golden Gate Bridge in San Francisco benutzt. Zwischenzeitlich wurden parallel zu ihr längst zwei weitere Brücken für den Zug- und Straßenverkehr gebaut, so dass sie heute vor allem Spaziergänger, Inlineskater und Fahrradfahrer trockenen Fußes über die Argen bringt.

Nachfolgende Doppelseite: Die stürmische Ader des Bodensees ist nicht zu unterschätzen. Die Orkanböen ziehen mit erstaunlicher Kraft über den Langenargener Bootssteg.

Langenargen

„Langenargen ist nur mit den schönsten Aussichten auf Genua und Neapel zu vergleichen" beschrieb Annette von Droste Hülshoff (1797-1848) den Blick auf diesen idyllischen Ort am östlichen Bodenseeufer. Auf einer schmalen Landzunge zwischen Argenmündung und dem Naturschutzgebiet „Eriskircher Ried" liegt das Städtchen mit knapp 6000 Einwohner. Wahrzeichen des Ortes ist das Schloss Montfort, das mit seiner gelbrot gesteiften Ziegelfassade anmutig in der Sonne schimmert. König Wilhelm I ließ es 1861 im maurischen Stil errichten. Als die Burg noch intakt war, lebten dort die Grafen von Montfort, die vom 13. bis ins 18. Jahrhundert Langenargen regierten.
Von Sonne und Natur verwöhnt, tummeln sich heute die Langenargener und ihre Gäste auf der Terrasse des Schlosscafés oder genießen die Sonnenseite des Sees in oder auf dem Wasser, am Naturstrand „Malereck" oder im grünen Hinterland. Dort lässt das milde Bodenseeklima zusammen mit dem fruchtbaren Boden Hopfengärten, Obstplantagen, Streuobstwiesen und einen artenreicher Mischwald gedeihen.

Das Schloss Montfort, erbaut aus farbigem Backsteinmauerwerk in maurischem Stil, ist das Wahrzeichen von Langenargen.

Hochklassigen Segelsport gibt es in Langenargen während des mehrtägigen „Match Race".

Segelhafen am Schloss Montfort

Der Bootssteg in Langenargen und der Naturbadestrand an der „Malerecke" im weichen Licht eines zu Ende gegangenen Sommergewitters.

Die Pfarrkirche St. Martin und das Langenargener Hinterland, vom Turm des Schloss Montfort aus betrachtet.

Die Fischerei am Bodensee hat eine lange Tradition. Viele Berufsfischer gibt es heute allerdings nicht mehr. Eine Ausfahrt mit ihnen zum morgendlichen Einholen der abends ausgelegten Netze lässt einen den See neu entdecken.

Bei gutem Wetter reizt der See, die Segel zu hissen, und so herrscht im Sommer unten am Yachthafen Hochbetrieb. Seit 1997 findet einmal jährlich das „Match Race Germany" statt, bei dem man den besten Seglern der Welt dabei zusehen kann, wie sie ihren Gegnern den Wind aus den Segeln nehmen. Wer es weniger sportlich mag, lässt sich einfach treiben und genießt die Abendstimmung an der Uferpromenade mit Blick auf das beleuchtete Schloss. Über den Badespaß und die Freizeitaktivitäten hinaus, ist der Bodensee seit Jahrhunderten ein wichtiger Wirtschaftsfaktor. Als zweitgrößter See Europas hat er eine Fläche von 570 Qua-

dratkilometern und wird von zahlreichen Flüssen und Bächen gespeist. Er ist Trinkwasserspeicher, Erholungsraum und Fischereigewässer. Das Gleichgewicht eines solchen komplexen, vielfach genutzten Ökosystems kann nur erhalten bleiben, wenn alle Anliegerstaaten zusammenarbeiten.

Vor diesem Hintergrund wurde 1959 die internationale Gewässerschutzkommission gegründet. Seither werden dort Entscheidungen zur Reinerhaltung und Renaturierung des Sees getroffen. Wissenschaftliche Basisarbeit leistet dabei das Institut für Seenforschung in Langenargen.

Gewässerschutz und Reinhaltung sind Voraussetzungen für die Bodenseefischerei. Es gibt über 30 Fischarten im See. Den Berufsfischern gehen hauptsächlich Felchen und Barsche, aber auch Zander und Forellen ins Netz. Vor allem in den Monaten Mai bis September fahren sie täglich in aller Frühe auf den See hinaus und kehren bei Sonnenaufgang mit ihrem Fang zurück. Nach den Föhnstimmungen im Herbst, wo das Alpenpanorama am gegenüber liegenden Ufer zum Greifen nah erscheint, hält das Städtchen Langenargen zum Jahresende hin, eingehüllt von Nebel, einen wohltuenden Winterschlaf, um sich für den kommenden Frühling zu rüsten.

Das letzte Licht des Tages taucht nach einem heftigen Sommerregen den Bootssteg und das Schloss Montfort in eine Symphonie aus blauer Farbe.

Eriskircher Ried

Geschütztes Naturparadies

Flachmoorwiesen mit blau und gelb blühenden Schwertlilien. Inseln gleich stehen heute solche unter Schutz gestellten Naturräume eingekreist von einer vom Menschen geformten Kultur und zunehmend auch Industrielandschaft.

Wild wucherndes Ried mit seltenen Sumpfpflanzen und Schilfwäldern trennt das Dorf Eriskirch vom See und lockt vor allem Naturliebhaber an. Das bereits seit 1939 ausgewiesene 5,5 Quadratkilometer große Naturgebiet ist eines der letzten Schutzzonen für bedrohte Tier- und Pflanzenarten des Obersees. Es beherbergt über 500 verschiedene Pflanzenarten und Hunderte von Wasservögeln, die sich in den vorgelagerten Flachmoorwiesen heimisch fühlen. Wer im Juni zu Fuß oder per Fahrrad im Ried unterwegs ist, findet ein blau-violettes Blütenmeer mit einigen gelben Tupfen vor. Es sind sibirische und gelbe Schwertlilien, die der Uferzone im Frühsommer dieses farbintensive Gewand verleihen und alles anlocken, was summt und fliegt.

Im Eriskircher Ried gibt es das ganze Jahr über so viel zu entdecken, dass ein modernes Naturschutzzentrum eingerichtet wurde. Dort wird durch Ausstellungen, thematische Führungen, Vorträge und Wanderungen maßgeblich dazu beigetragen, dieses Naturparadies in seinen unterschiedlichen Facetten für den Menschen auf ökologisch verträgliche Weise zugänglich zu machen und den ursprünglichen Uferbereich des Bodensees nachhaltig zu schützen.

Das „Neue Schloss" in Tettnang.

Tettnang

Hopfenstadt mit Schloss

Auf einer Anhöhe vor der Stadt gelegen, sieht man den gelbweißen Bau mit seinen vier Ecktürmen schon aus der Ferne. Das „Neue Schloss" ist das Schmuckstück der kleinen schwäbischen Residenz, die einst Kreisstadt war. Der eitle Graf Anton III von Montfort ließ das prächtige Schloss 1712 erbauen und verschuldete sich dabei restlos. Die Situation verschlimmerte sich noch als das Schloss im Jahr 1753 ausbrannte und ein Schaden von 100.000 Gulden verursachte. Heute wird ein Großteil des Schlosses von öffentlichen Institutionen genutzt. Die historischen Räume sind nur noch im Rahmen von Führungen zu besichtigen.
Tettnang ist Zentrum des Hopfen- und Obstanbaus und durchzogen von landwirtschaftlicher Nutzfläche. Jährlich werden hier 40.000 Zentner Hopfen und 140.000 Zentner Obst umgeschlagen. Im Hopfenmuseum kann man die Geschichte und Technik von Hopfenanbau- und verarbeitung auf anschauliche Weise mitverfolgen und anschließend auf dem Hopfenpfad „Vom Bauer zum Brauer" vom abgelegenen Museum in die Stadt zurück wandern.
Bei diesen Hopfen- und Obstmengen ist es nicht verwunderlich, dass in den Sommermonaten mit Ernte gefüllte Traktoren das Verkehrstempo bestimmen und zur Zeit der schwäbisch-alemannischen Fasnet die „Hopfennarren" ihr Unwesen treiben.

Die 17.000 Einwohner zählende Stadt hat sich in ihrem Inneren den fast mittelalterlichen Charakter teilweise erhalten können.

Das prächtige Rathaus gleich neben dem Schloss im historisch gut erhaltenen Stadtzentrum.

Die Landschaft rund um Tettnang wird geprägt durch unzählige Hopfenfelder.

Friedrichshafen

Wiege der Luftfahrt

Besonders im Spätherbst und Winter lassen sich solche farbenfrohen Abende erleben, wie hier beim Blick auf die Silhouette der Schlosskirche Friedrichshafens.

Am Bootshafen hat moderne Architektur Einzug gehalten.

An der breitesten Stelle des Sees dominiert Friedrichshafen. Der moderne Aussichtsturm an der Hafeneinfahrt macht schon von Weitem auf die zweitgrößte Stadt am Bodensee aufmerksam. Neben den Passagierschiffen für den Ausflugsverkehr ist hier Startpunkt für die Autofähre nach Romanshorn, die in den Sommermonaten stündlich Personen und Autos zwischen deutschem und Schweizer Ufer befördert.
Die Stadt Friedrichshafen hat viele Gesichter. Mal zeigt sie sich nüchtern und kühl als Wirtschaftszentrum der Region – vor allem durch die Metallindustrie. Mal innovativ als Zeppelinstadt; aber auch weltoffen als Messestandort mit über zwölf Messen pro Jahr. Und auch kreative Züge kommen zum Tragen, beispielsweise beim Kulturufer – einem attraktiven Kleinkunst- und Theaterfestival, das alljährlich zu Beginn der Ferienzeit an der Uferpromenade stattfindet.
Berühmt wurde Friedrichshafen am 2. Juli 1900, als das Luftschiff, erbaut von Graf Ferdinand von Zeppelin, erstmals über der Stadt schwebte. Durch diese technische Errungenschaft verwandelte sich Friedrichshafen innerhalb von wenigen Jahren in einen Industriestandort, der bis heute vom Erbe des Grafen profitiert. Allerdings fand die Luftschiff-Ära im Jahr 1937 erst mal ein jähes Ende. Grund dafür war der Absturz der „Hindenburg", die auf ihrer 11. Nordamerikafahrt bei der Landung in Lakehurst verunglückte und als riesig roter Feuerball am Himmel explodierte.
Zwischenzeitlich sind die großen „Luftzigarren" jedoch längst nicht mehr nur im Zeppelinmu-

Nun hat auch Friedrichshafen einen Turm. Passend zum Image der modernen Industriestadt eine Konstruktion aus Stahl. Hoch genug gebaut für tolle Ausblicke.

Einer der Blickpunkte vom Turm ist der alte Hafenbahnhof bei der Schiffsanlegestelle. Hier ist heute das Zeppelin Museum untergebracht.

seum am Hafenbahnhof zu begutachten. Seit 1997 Jahren werden in der ansässigen Industrie wieder Luftschiffe mit den neusten technischen Standards gebaut. Und so ist es in den Sommermonaten keine Seltenheit, einen Zeppelin am Horizont über den See fahren zu sehen. Mit einer Länge von 69 m und 14 m Durchmesser kann er neben zwei Piloten immerhin 12 Passagiere in seiner schneeweißen Kabine mit an Bord nehmen. Wer keine Kosten scheut, hat so die Möglichkeit, die Bodenseelandschaft aus der Vogelperspektive zu betrachten.

Auf den ersten Blick ist kaum zu vermuten, dass Friedrichshafen zu den alten und geschichtsträchtigen Ansiedlungen am See gehört. Aufgrund ihrer exponierten Lage hat sie sich zeitig zu einem bedeutenden Hafen entwickelt. Die um 400 n. Chr. allemanische Siedlung Buchhorn wurde 1275 zur freien Reichsstadt benannt. 1811 entschied sich der reformfreudige König Friedrich I von Württemberg dazu, die Reichsstadt Buchhorn und das Klosterdorf Hofen zusammenzulegen und die Stadt kurzerhand nach seinem Namen zu benennen.

Aus dem Zeitalter der Klöster und Könige ist die prächtige Schlosskirche mit ihren zwei malerischen Zwiebeltürmen am Bodenseeufer übrig geblieben. Sie wurde 1695 unter der Leitung von Christian Thumb erbaut und gehörte bis 1802 zum Kloster Hofen. Nach der Säkularisation 1802 gelangte das klösterliche Anwesen in Staatsbesitz und wurde als Sommersitz der württembergischen Könige genutzt. Heute unterhält die Familie Herzog von Württemberg das Anwesen als Wohnsitz. Die Schlosskirche wird seit 1812 – mit einer Unterbrechung wegen Kriegszerstörung und Renovierung – als evangelisches Gotteshaus genutzt.

Im zweiten Weltkrieg erlebte Friedrichshafen das Schicksal vieler deutscher Industriestädte. Aufgrund seiner wirtschaftlichen Bedeutsamkeit wurde es Angriffsfläche der alliierten Bomber. Zwei Drittel der Stadt lag am Ende des Krieges in Trümmern. Dies lässt heute einen historischen Stadtkern vermissen und trägt dazu bei, dass sich Friedrichshafen heller und moderner als die meisten anderen Bodenseekommunen präsentiert.

Ein Relikt aus alter Zeit:
Der Steg bei der Schlosskirche

Die Schlosskirche mit ihren 55m hohen Zwiebeltürmen ist innen wie außen imposant und sehenswert.

Eingerahmt von Weinreben konnte sich die Seegemeinde Hagnau ihren dörflichen Charakter weitgehend bewahren.

Immenstaad und Hagnau

Winzerdörfer am See

Ein Sommergewitter entlädt sich über dem Immenstaader Bootssteg.

Kleine Gemeinden mit romantischen Anlegestegen, die durch ihren Zugang zum See und ihre landschaftliche Lage bezaubern, findet man am Bodensee einige. Dazu gehören auch die Seegemeinden Immenstaad und Hagnau. Schon vor Jahrhunderten wussten die Menschen dieses Idyll zu schätzen. Und so ist es nicht verwunderlich, dass sich um diese beiden ehemaligen Winzer- und Fischerdörfer gleich drei stilvolle Schlösser ansiedelten. Im Osten findet sich der ehemalige Sitz des Dorfadeligen Helmsdorf, oberhalb von Immenstaad das Schloss Hersberg und auf dem Weg nach Hagnau das Schloss Kirchberg, ein massiv ausgeführter Wirtschaftshof des Klosters Salem, der zeitweise Sommerresidenz der Salemer Äbte war. Heute ist das Schloss eine Privatresidenz und deshalb nicht mehr zu besichtigen. Der 30.000 Quadratmeter große Campingplatz mit eigenem Strand ist jedoch erhalten geblieben. Vor 400 Jahren standen im Ortskern von Hagnau noch 31 Weinpressen, auch Torkel genannt. Die sonnigen Hänge werden auch heute noch für den Weinanbau genutzt und sind beeindruckende Aussichtpunkten auf den See. Wer die Landschaft lieber vom Wasser aus bestaunen mag, hat in Immenstaad die Chance, mit der historischen Lädine auf See zu stechen. Lädinen waren im Mittelalter bis zu über dreißig Meter lange Lastsegelschiffe, die Menschen und Waren von und zu den Handelszentren am See transportierten. Der Lädinen-Verein Bodensee hat eine solche siebzehn Meter lange historische Lädine nachgebaut, die im Sommer auf dem See schippert und zu Ausflügen einlädt.

Meersburg

Literarische Oase und Wahrzeichen

Die schmalen gepflasterten Gassen, Fachwerkhäuser und Erker verleihen Meersburg ein mittelalterliches Flair. Über den farbenfrohen Häusern der Unterstadt erhebt sich das Wahrzeichen des Ortes, die 1200 Jahre alte Meersburg. Dreihundert Jahre residierten hier die Konstanzer Fürstenbischöfe. Außen fasziniert die Burg durch ihren malerischen Hof, innen runden die Waffenhalle, das Schlafgemach des Burgvogtes und gut erhaltene Fresken das Bild ab. Gleich daneben befinden sich in hellem Rosa das barocke Schloss und seine Nebengebäude. Die reizvolle Staffelung der Bauten ist je nach Jahreszeit von grün oder goldgelb bewachsenen Weinbergen eingerahmt, die sich bis in die flachen Uferzonen ziehen.

Urkundlich erwähnt ist die Meersburg, die wohl älteste bewohnte Burg, erstmals 1113. Doch die Geschichte der Stadt geht bis ins 7. Jh. zurück So mancher Mauerstein ist Zeugnis, dass wahrscheinlich der Merowingerkönig Dagobert, nach dem auch der mächtige vierkantige Turm benannt ist, hier eine erste Schutzanlage für die Seeschifffahrt erbauen ließ.

Auf dem Rundgang durch die eingerichteten Räume wird die Vergangenheit lebendig. Mit ihren Sälen und Kemenaten, ihren mächtigen Mauern und der Zugbrücke ist die Meersburg ein beliebtes Ausflugsziel.

Sie gelangte 1803 in staatlichen Besitz und sollte wegen der hohen Unterhaltkosten 1838 abgerissen werden. Da wurde der Germanist und Alterforscher Joseph Freiherr von Lassberg aktiv: Er kaufte die Anlage und ließ sie instandsetzen.

Das neue Schloss direkt über dem Hafen ist ein Glanzstück barocker Baukunst.

Denkt man sich manch moderne Errungenschaft einmal weg, könnte Meersburg durchaus als Kulisse eines mittelalterlichen Filmes dienen.

Zur Fasnacht wird auch in Meersburg das Brauchtum gepflegt.

Das alte Grethhaus aus dem Jahre 1505 liegt direkt an der Schiffsanlegestelle.

Vorhergehende Doppelseite: Das „alte Schloss“ gilt als die älteste bewohnte Burg Deutschlands.

Fachwerk prägt einen Großteil der Meersburger Innenstadt. Liebevoll restauriert, ist es ein Genuss, durch diese kleinen Sträßchen zu schlendern.

Drei Jahre später kam die Schwester seiner Frau aus dem nebligen Münsterland zu Besuch. Es war die Dichterin Annette von Droste-Hülshoff (1797-1848). Sie verliebte sich unsterblich in die Bodenseelandschaft.

Die Ansiedlung der Häuser verteilt sich in Meersburg entlang der steilen Hänge. 176 Treppenstufen führen von der Unter- in die Oberstadt und die Sicht von oben kann süchtig machen und heilen. Die Dichterin Annette von Droste-Hülshoff wurde von ihr kuriert. 1843 erwarb sie das im 16. Jh. von den Fuggern erbaute „Fürstenhäusle" samt Weingärten für 400 Gulden – das Honorar eines Gedichtbandes. Seit 1916 ist das „Fürstenhäusle" Museum. Zu sehen sind Biedermeierräume, in denen die nur 1,48 m große Schriftstellerin arbeitete. Sie schrieb sich, stimuliert vom Blick über Meersburg und den See, ihren Liebeskummer von der Seele.

Das Ufer des Überlinger Sees ist auch heute noch kein Ort für Melancholiker. Hier legen die Fähren aus Konstanz mehrmals täglich an. Während in den Sommermonaten zahlreiche Besucher die Stadt mit Leben füllen, ziehen in den Tagen vor Aschermittwoch die Narren der alemannischen Fasnacht durch die Gassen und vertreiben so den Winter.

Eine Führung durch die Meersburg gibt Einblick in das Leben des Mittelalters. Alle Räume sind originalgetreu erhalten. Und wäre da nicht das elektrische Licht zur Beleuchtung, die Illusion einer Zeitreise wäre perfekt. Die Dichterin Annette von Droste-Hülshoff verbrachte ihre letzten sieben Lebensjahre in den drei Meter dicken Mauern dieser Burg.

Uhldingen

Zeugnis der Steinzeit

Im Mittelalter war Uhldingen als Hafen auf dem Weg zur Bischofsstadt Konstanz so bekannt, dass Kaiser Friedrich Barbarossa selbst mit einer Verfügung den Schiffverkehr regelte. Heute legen in Uhldingen vor allem Schiffe mit Ausflugsgästen an, die das Pfahlbautenmuseum besuchen möchten.

Bereits 1853 hatte der Schweizer Altertumsforscher Ferdinand Keller im Wasser Ansammlungen von Pfählen im Zürichsee entdeckt. Nach seinen Skizzen und den Ausgrabungen am Bodensee im oberschwäbischen Federmoorsee sowie im schweizerischen Voralpenseen entstanden ab 1922 erste Rekonstruktionen von zwei Siedlungen aus der Jungsteinzeit und aus der Bronzezeit. Viele beeindruckende Alltagsgegenstände wie Gefäße, Werkzeuge, Schmuck und Kleidungsstücke sind über die Jahrtausende im Schlamm erhalten geblieben. Diese Funde können im Museumsbau bestaunt werden und lassen erahnen, wie unsere Vorfahren in der Jungsteinzeit Ton, Stein und Holz bearbeiteten; wie sie fischten, jagten, kochten, backten und ihre Felder bestellten. Der Fortschritt hin zur Bronzezeit wird vor allem an der Haustierhaltung (Rinder, Schweine, Schafe, Ziegen) und am Einzug der Metallverarbeitung ersichtlich.

Obwohl zwischenzeitlich längst wissenschaftlich erwiesen ist, dass die Pfahlbauten damals nicht direkt über dem Wasser, sondern im sumpfigen Uferbereich standen, geben sie dennoch eindrucksvoll etwas von der Lebensweise jener Siedler wieder, die weit vor unserer Zeit am Bodenseeufer heimisch waren.

Die rekonstruierten Pfahlbauten zeigen, wie unsere Vorfahren vor über 5.000 Jahren am Bodensee gelebt haben.

Mit diesem Fischernetz werden noch heute die Fische im Bodensee gefangen.

Birnau

Himmelreich des Barock

Am Überlinger See, eingebettet in Weingärten und Streuobstwiesen, liegt die berühmte Wallfahrtskirche Birnau. Mit ihren üppigen Wandpfeilern und reichen Stuckaturen ist sie das schönste Barock-Gotteshaus der gesamten Seeregion und Glanzpunkt der oberschwäbischen Barockstraße. Ab 1746 schuf der berühmte Baumeister Peter Thumb, der auch die Schlosskirche in Friedrichshafen erbaute, dieses Finalkloster der Zisterzienserabtei Salem. Somit schaltete sich das Schloss Salem, im Trend der damaligen Zeit, in den Wettbewerb um die schönsten Bauwerke ein und nutzte diesen Ort als Sommersitz für Äbte.
Wie bei allen Barockbauten, zeigt sich dem Besucher die Schönheit dieses sakralen Kunstwerks vor allem im lichtdurchfluteten Innenraum. Reich geschmückt mit tausenderlei Verzierungen und Fresken ist das Innere der Wallfahrtskirche ein wahrer Augenschmaus. Die Lebensfreude des Zeitalters vom Barock zum Rokoko tritt in den unterschiedlichsten Details zutage. Neben den großflächigen Fenstern und Deckengemälden, den sieben Altären und den zahllosen Heiligenfiguren finden sich an vielen Stellen schwebende Engelsgestalten, von denen der „Honigschlecker" von J. A. Feuchtmayer wohl der Bekannteste ist.
Gegenüber der Kirche liegt das Weingut Oberhof. Es befindet sich im Besitz des Markgrafen von Baden und lädt zu einer fachkundigen Weinprobe ein. Außerdem bietet die Birnau bietet Gelegenheit zu ausgiebigen Spaziergängen direkt am See und bezaubert besonders in der Abendstimmung, wenn die Kirche in den letzten Sonnenstrahlen leuchtet.

Eines der schönsten Bauwerke am Bodensee. Die barocke Klosterkirche Birnau.

Von allen Seiten in Weinreben eingebettet, liegt das Kloster auf einer Anhöhe direkt über dem See.

Im Innenraum der großen Kirche wurde keine Ecke von Verzierungen ausgespart.

Auch ein Blick zur Decke zeigt faszinierende Malerei.

Nachfolgende Doppelseite: Der Blick vom Kloster Birnau über den See reicht an klaren Tagen bis zum Säntis Massiv in der Schweiz.

Auf einer Anhöhe erbaut, thront das Schloss Heiligenberg über dem Hinterland des Bodensees.

Heiligenberg
Gesegneter Luftkurort

Eine herrliche Aussicht über das Salemer Tal und den Bodensee ermöglicht ein Abstecher zum Höhenluftkurort Heiligenberg. Der Name geht auf eine alte Legende zurück: Die heilige Helena, die Mutter des römischen Kaisers Konstantin, soll dem Edelmann Eremius von Marpach einen Holzsplitter vom Kreuz Christi übergeben haben, verbunden mit dem Auftrag, für diese kostbare Reliquie einen geeigneten Aufbewahrungsort zu finden. Eremius entschied sich für einen Berg im Linzgau und ließ dort eine Kappelle errichten, die bald zu einem beliebten Wallfahrtsort wurde. Die Gläubiger nannten die Anhöhe „Heiliger Berg".

Heute pilgern die Besucherströme aufgrund einer andern Sehenswürdigkeit nach Heiligenberg: Sie wollen zum Schloss des Grafen von Fürstenberg, das im 16. Jh. erbaut wurde. Es zählt nicht nur zu den besterhaltenen Anlagen seiner Art, sondern birgt im Inneren einen sehenswerten zweigeschossigen Rittersaal, der die wohl schönste holzgeschnitzte Renaissancedecke in Deutschland besitzt.

Eine alte Steinbrücke verbindet das Schloss mit dem Luftkurort Heiligenberg.

Die drei Stockwerke hohe Schlosskapelle im Westflügel zieren kunstvolle Schnitzereien. Unter der Kapelle befindet sich die Gruft mit den Gräbern der Fürstenberger.

Salem
Heimat für Berberaffen

Salem ist weit über den Bodenseeraum hinaus bekannt durch sein berühmtes Elite-Internat. Gegründet vom Prinzen Max von Baden, gehen hier seit jeher viele bekannte Persönlichkeit aus Adel, Politik und Gesellschaft zur Schule. Ursprünglich war es ein Zisterzienserkloster. Die Abtei besaß in 29 Orten Niederlassungen und trieb Handel mit Salz, Wein und Getreide. Der Reichtum blieb nicht unsichtbar. Nach einem Brand im Jahr 1697 wurde die Anlage zu einem der schönsten Barockklöster umgebaut. Verantwortlich für die prachtvolle Ausstattung war ein bayrischer Schwabe, Abt Anselm II. aus Füssen. Neben dem Schloss findet sich in Salem noch eine Attraktion ganz anderer Art. Am „Affenberg", einem 20 Hektar großen Waldgehege, leben rund 280 nordafrikanische Berberaffen frei zugänglich. Wer dort wen bestaunt, ist manchmal gar nicht so eindeutig. Die Affen kommen mit dem Trubel ganz gut zurecht und fressen den Besuchern das Popcorn ohne Scheu aus der Hand. Zum Gehege gehören außerdem Damhirsche und ein Dutzend Storchenpaare, die bei einem Spaziergang durch die Parkanlage hautnah beobachtet werden können.

Nachfolgende Doppelseite: Bei einem Spaziergang entlang der alten Stadtmauern offenbart sich ein schöner Blick über die Überlinger Altstadt und den See.

Überlingen

Bei der Schwedenprozession ziehen die Überlinger mit vielen anderen Trachtengruppen aus der Region in ihren traditionellen Kostümen durch die Stadt.

„Der Reiter vom See" entpuppt sich als der Schriftsteller Martin Walser.

Schlüssel zum Schwäbischen Meer

Der nordwestliche Teil des Bodenseeufers verdankt seinen Namen einem über 1200 Jahre alten Gemeinwesen, der ehemaligen freien Reichsstadt Überlingen. Das gegenüberliegende Schweizer Ufer ist am Überlinger See nur 12 km entfernt. Die Stadt bewachte diesen kürzesten See-Übergang lange Zeit sehr streng und galt deshalb als „Schlüssel zum Bodensee".
Um 1180 gründete Kaiser Friedrich Barbarossa die Stadt, die sich durch ihre günstige Lage geradezu als Markt anbot und schnell florierte. Für den Wohlstand Überlingens sorgten in erster Linie der Weinanbau und der Kornhandel. Als Markt- und Lagerhalle diente den Kaufleuten die Greth, eine Markthalle direkt am Wasser, die heute als restauriertes Gebäude der zentrale Punkt am Landungsplatz ist. Noch zum Ende des 16. Jh. war das „Überlinger Rebwerk" mit seinen 300 Hektar das größte am Bodensee. Die Hälfte des gekelterten Weines wurde nach

Vorarlberg, ins Allgäu und nach Oberschwaben exportiert. Den Rest tranken die Überlinger selbst, denn eine der Bestimmungen, die den Weinanbau regelte, verpflichtete die Stadtbewohner zum Verzehr des „Überlingers" und untersagte ihnen den Ankauf von fremdem Wein. Eine Regel, die den heute übrig gebliebenen Landwirten der Bodenseeregion dabei helfen würde, ihre Produkte regional zu vermarkten und wirtschaftlich zu bestehen.
Die Blütezeit Überlingens wurde geschwächt durch heftige Auseinandersetzungen zwischen jüdischen und christlichen Bürgern der Stadt, dem Bauernaufstand und Belagerungen schwedischer Truppen während des Dreißigjährigen Krieges. 1802 verlor Überlingen die Reichsfreiheit und wurde dem Herzogtum Baden einverleibt. Erst Mitte des 19. Jh., als der Tourismus zum bedeutsamen wirtschaftlichen Faktor wurde und aus der seit dem 16. Jh. bekannten Mineralquelle ein Thermalbad entstand, wandelte sich die wirtschaftliche Lage. Überlingen mauserte sich zu einem netten Städtchen, das heute mit seinen attraktiven Badeeinrichtungen, Promenaden, Hotels und Parkanlagen ein beliebter Bade- und Luftkurort ist. Am Hafen sorgt „Der Reiter am Bodensee", ein Brunnen des bekannten Bildhauers Peter Lenk, für Aufsehen. Zumal bei genauem Betrachten deutlich wird, dass der Reiter kein Geringerer ist als der zeitgenössische Schriftsteller Martin Walser.
Das Münster, historische Kirchen und die Stadtbefestigung haben die Geschichte überdauert. Und wenn bei den Schwedenprozessionen im Mai und Juli, die Einheimischen mit der Überlinger Tracht durch die gewundenen Gässchen zwischen den urigen Fachwerkhäusern ziehen, fühlt man sich zweifelsohne ins Mittelalter versetzt. Der Brauch der „Schwedenprozession" geht auf ein Gelübde zurück, das die Überlinger 1634 ablegten, als es ihnen gelungen war, die Angriffe schwedischer Truppen abzuwehren. Der Schwur besagte, fortan zweimal im Jahr zum Dank ein silbernes Marienbildnis durch die Straßen der Stadt zu tragen.

Eine der schönsten Ausblicke über den See hat man vom Haldenhof oberhalb der Gemeinde Sipplingen.

Alpenglühen am Säntis, dem Hausberg des Bodensees.

Wasserspeicher Baden-Württembergs

Auf einem schmalen Uferstreifen liegt das Fachwerkstädtchen Sipplingen. Erkennungsmerkmal dieser kleinen Seegemeinde ist der spitze, gotische Kirchturm der Pfarrkirche, die den Heiligen Martin und Georg geweiht ist. In der geschützten Lage am See siedelten sich bereits in der Jungsteinzeit Fischer in Pfahlbauten an; später standen dann mächtige Burgen über dem Ort. Deren Ruinen sind ebenso zu besichtigen wie die Funde aus prähistorischer Zeit.
Durch seine Lage am Berghang ist Sipplingen idealer Ausgangspunkt für kleine und große Wanderungen. Von hier aus erreicht man mit einem halbstündigen Fußmarsch die Ruine der Burg Alt-Hohenfels, auf der im 13. Jh. der Min-

Sipplingen

nesänger Burkhard von Hohenfels lebte. Aber auch ein modernes, technisches Meisterwerk hat Sipplingen vorzuweisen – den sogenannten „Quelltopf", die Aufbereitungsanlage der Bodensee-Wasserversorgung. Das Wasser wird östlich von Sipplingen in 60 m Tiefe aus dem See entnommen und zur Aufbereitungsanlage gepumpt. Von dort macht es sich, mehrfach gefiltert, anschließend durch riesige unterirdische Leitungen auf die Reise ins Landesinnere. Der Bodensee ist Trinkwasserspeicher für ca. 3,5 Millionen Einwohner in Baden-Württemberg und liefert Wasser weit ins Landesinnere nach Stuttgart und Heilbronn bis in die Region von Bad Mergentheim und Heidelberg.

Hegau

Land der Burgen und Vulkane

Die größte Festungsruine im Süden Deutschlands auf dem Hohentwiel mit Aussicht auf den ganzen Hegau und die Stadt Singen.

Vorhergehende Doppelseite: Morgennebel hüllt eine der zahlreichen Burgruinen des Hegaus in eine mystische Stimmung, die nach kurzer Zeit von der aufsteigenden Sonne entzaubert wird.

Die Burgruine Hohenkrähen ist auf einem der unzähligen Hügel der Vulkanlandschaft des Hegaus erbaut.

Im Norden des Flussabschnitts zwischen Stein und Schaffhausen erstreckt sich das Hegau, eine geologisch interessante Region, dem man das Prädikat „des Herrgotts Kegelspiel" verlieh. Über ein Dutzend Vulkane prägen dort das märchenhafte Landschaftsbild. Sie sind die Übereste einer stürmischen Phase der Erdgeschichte, als im Tertiär das Erdinnere gewaltige Steinmengen ausstieß. Einige der berühmtesten Exemplare heißen Hohenstoffel, Hohenkrähen, Hohenhöwen und Hohentwiel. Die Eiszeit, die auch das Hegau erfasste, hat die um einst noch um vieles höheren Kraterränder schon vor Jahrtausenden abgetragen.
Mitten in der Vulkanlandschaft liegt die Stadt Singen. Herzog Ulrich von Württemberg ließ den Hohentwiel in der Nähe der Stadt im Jahr 1538 zu einer mächtigen Festung ausbauen, die erst 1800 von französischen Truppen überwältigt wurde. Seither beherbergt der 688 m hohe Vulkankegel des Hegaus die größte Festungsruine im Süden Deutschlands.

Bodanrück

Oase der Stille

Der Bodanrück bietet viele Naturschönheiten, wie beispielsweise der Mindelsee bei Möggingen oder das Wollmatinger Ried mit seinen dichten Schilfwäldern. Die Siedlungsgeschichte des dieser Landschaft weit zurück. Bereits Kelten, Römer und Alemannen ließen sich am Bodanrück nieder. Burgen und Ruinen wie Kargegg, Altbodman, Möggingen und Langenrain zeugen von wehrhaften Zeiten. Oftmals findet man sie idyllisch gelegen im Wald versteckt.
Die hügelige, waldreiche Landschaft zwischen Überlingen und Untersee gehört ganz sicher zum ruhigeren Teil des Bodensees. Abgesehen vom überlaufenen Ausflugsziel Insel Mainau hält sich der Besucherstrom in dieser Gegend in Grenzen. Der Bodanrück, die Landzunge im Dreieck Konstanz-Radolfzell-Ludwigshafen hat einen ganz entscheidenden Vorteil: sie ist noch nicht durch eine breite Hauptverbindungsstraße entstellt. So prägen Wälder, Riede, kleine Bauerndörfer und bis zu 600 m ansteigende Berge das Landschaftsbild.
Kein Wunder, dass sich eines der schönsten Naturdenkmäler des Bodensees am Bodanrück findet. Es ist die Marienschlucht – ein urig verwachsener Klamm, der seinen Namen einer Gräfin Maria von Bodman verdankt. Die Felsschlucht ist stellenweise nur wenige Meter breit und lässt sich nur per Schiff oder zu Fuß erreichen. Wenn man dem Uferweg folgt, rücken die Steilwände aus Sandstein immer näher an die Wasserfläche und stürzen sich am Ende jäh in einem schroffen, bizzaren Abbruch in den See.

Die Marienschlucht führt die Wanderer von den Höhenzügen des Bodanrück durch einen schmalen Klamm direkt an das Ufer des Bodensees. Von dort kann man sich im Sommer mit dem Boot abholen lassen.

Von der Ruine Altbodman fällt der Blick auf das Kloster Frauenberg und eine der waldreichsten Gegenden am Bodensee.

Nachfolgende Doppelseite: Der Hafen von Bodman. Im Hintergrund der Höhenzug des Bodanrück. Wer genau hinschaut, entdeckt vielleicht die Ruine Altbodman.

Bei Wanderungen trifft man immer wieder auf alte Ruinen aus längst vergangener Zeit. Der Bodanrück ist eine der naturbelassensten Regionen am See. Hier ist noch Platz für ausgedehnte Laubwälder. Das Bisongehege in den Wäldern des Bodanrück ist ein lohnendes Ausflugsziel.

1992

Insel Mainau

Kein Winkel scheint vergessen. Natur in all ihrer Farbenpracht.

Dahlien bilden im Spätsommer den Abschluss des Blütenmarathons, der im Frühjahr mit Tulpen und Vergissmeinnicht beginnt.

Königin der Blüten

Die Mainau ist ein Gesamtkunstwerk, das mit dem Alpenpanorama am Horizont einen würdigen Rahmen erfährt.

Das Schwedenkreuz erinnert am Steg, der auf die Insel führt, an die Zeit des Dreißigjährigen Krieges.

Der Blick vom Festland lässt die Mainau als Dschungel erscheinen. Anfang des 20sten Jahrhunderts war dies tatsächlich einige Zeit der Zustand der Insel, bevor sie erneut kultiviert wurde.

Die Marienkirche und das Schloss Mainau sind Heimat der Gräfin und des Grafen Bernadotte.

Alles auf der Mainau mutet so südländisch, so mediterran und heiter an: die Palmen, die Orchideen, die Zitrusfrüchte, die Schmetterlinge und mitten drin barocke Architektur. Kaum zu glauben, dass sich die 45 Hektar große Insel nördlich der Alpen auf einem Molassefelsen im Bodensee befindet. Die Insel Mainau ist die Königin des Bodensees. An klaren Tagen ist allein die Anfahrt per Schiff mit Blick auf das Alpenpanorama eine wahre Freude. Hoch über dem Anlegesteg thront die 1739 erbaute St. Marienkirche mit dem angrenzenden Schloss, der Residenz des Grafen und der Gräfin Bernadotte. Die Geschichte dieser Insel hat viele Facetten. Bereits vor rund 2000 Jahren benutzten die Römer die Mainau als strategische Festung. Seit dem 9. Jh. gehörte sie zum Kloster Reichenau und war ursprünglich Sitz eines Rittergeschlechts. 1272 besiedelte der Deutschritterorden die Insel. Lediglich während des Dreißigjährigen Krieges wurde sie für kurze Zeit von den Schweden erobert. Wer die Insel über die Brücke vom Festland aus betritt, dem fällt das eindrucksvolle, bronzene „Schwedenkreuz" ins Auge. Es soll ursprünglich bei der Schlosskirche gestanden haben, von den Schweden aber im Wasser versenkt worden sein, weil sie die schwere Beute nicht halten konnten.

1805 wurde die Insel durch die Aufhebung des Ordens an das Herzogtum Baden angegliedert. Großherzog Friedrich kaufte sie als Sommerresidenz und ließ Park und Gärten mit allerlei exotischer Pflanzen anlegen, die er von seinen Reisen mitbrachte. Nach seinem Tod 1907 verwandelte sich die Insel in einen Dschungel und wurde erst durch seinen Urenkel Graf Lennart Bernadotte erneut kultiviert. Gleich nach dem Zweiten Weltkrieg strömten Scharen von Ausflüglern aus dem zerbombten Deutschland zum idyllischen Bodensee.

Heute ist die „Blumeninsel Mainau GmbH" mit ihren 400 Angestellten und 1,7 Millionen Gästen pro Jahr eine Insel der Superlative. Die Besucher erwartet dort ganzjährig ein botanisches

Schlaraffenland, das durch seine Blüten- und Pflanzenpracht jegliche Vorstellung übertrifft. Nach der Orchideenschau im überdachten Palmenhaus zu Beginn des Jahres verwandeln sich die Beete im Frühjahr in gelb-rote Tulpenmeere und blühen mit den Vergissmeinnicht um die Wette. Im Mai folgen die Rhododendren und spätestens Anfang Juni kommen schließlich die Rosenliebhaber bei den über 1200 Rosensorten auf ihre Kosten, die ihre Düfte verschwenderisch verströmen. In der heißen Zeit des Jahres finden sich Gruppen von Sommerblumen, angepflanzt als Tierfiguren, in den Gärten der Insel. Im Herbst bildet die Dahlienschau schließlich das Ende der Blütensaison. Aber auch in den restlichen Monaten des Jahres fasziniert die prächtige tropische Pflanzenwelt sowie ein Streichzoo für Kinder und ständig wechselnde Ausstellungen. Eine Attraktion besonderer Art ist das rund 1000 Quadratmeter große Schmetterlingshaus Es gleicht einem tropischen Urwald und beherbergt unzählige farbenfrohe Falter.

Viele der Besucher kommen mit dem Schiff aus den verschiedensten Gegenden des Sees auf die Insel, um die Blütenpracht zu bestaunen.

Sichtlich wohl fühlt sich der Pfau, der frei durch die Gartenanlagen der Insel stolziert.

Das mit tropischen Pflanzen bewachsene Schmetterlingshaus ist seit einigen Jahren fester Bestandteil des Mainauer Besucherprogramms.

Konstanz

Ähnlich markant wie die Lindauer Hafeneinfahrt: Die Konstanzer „Imperia" des Künstlers Peter Lenk.

Geschichtsträchtige Metropole

Vorhergehende Doppelseite:
Die wohl schmalste Stelle des Bodensees, durch die gleichzeitig auch der Rhein fließt, trennt Konstanz in zwei Teile. Im Anschluss daran verbreitet sich das Wasser wieder hin zum Gnadensee und Untersee, wo der Rhein dann schließlich aus dem See abzeigt.

Konstanz ist altehrwürdig und dynamisch jung, alemannisch beschaulich und weltoffen zugleich. Und mit ihren 78.000 Einwohnern ist sie die größte Stadt am Bodensee und die einzige Metropole mit großstädtischem Flair.
Die ideale Lage in der Bodenseebucht zog schon recht früh Siedler nach Konstanz. Erste Spuren gehen bis in die Jungstein- und Bronzezeit zurück. Aber auch die Römer fanden Gefallen an dieser Gegend. Um die Alemannen abzuwehren, errichteten sie in der Höhe des Münsters ein Kastell, das vermutlich nach Kaiser Konstantin II den Namen Constantina erhielt. Die Siedlung wurde Bischofsitz und entwickelte sich bald zu einem bedeutenden Handelszentrum für Leinen.

Für die Gemeinden am Bodensee sind die Uferpromenaden so etwas wie ein Aushängeschild. Auch Konstanzer Stadtgärtner wollen bei der sommerlichen Blütenpracht mithalten.

Alles überragend beherrscht das Liebfrauenmünster mit seinem 76 m hohen Turm das Konstanzer Stadtbild. Hier vereinen sich mehr als 900 Jahre Geschichte. Und auch beim Schlendern durch die Innenstadt wird man von den unterschiedlichen Epochen eingeholt. Kirchen, die Marktstätte, verschnörkelte Türmchen, prunkvolle Villen, bizarre Dächer von Jugendstilhäusern, alte Bürgerhäuser und gemütliche Weinkneipen bilden den Hintergrund für die Promenade am See.
Das glanzvollste historische Ereignis der Stadt war das berühmte Konstanzer Konzil, das von Herbst 1414 bis April 1418 tagte. Bei diesem größten Weltgipfeltreffen seinerzeit waren in der damals 7000 Einwohnerstadt 70.000 Fremde aus vielen Ländern Europas zu Gast. Ziel der Zusammenkunft war es, eine umfassende Kirchenreform in die Wege zu leiten. Außerdem sollten die drei Päpste, die zu jener Zeit mit Sitz in Rom, Pisa und Avignon regierten, abgesetzt werden, um eine machtpolitische Zersplitterung der Kirche zu verhindern. Gekommen war lediglich einer der drei. Er wurde nach einigem Hin und Her gefangen genommen. Als neuen Papst wählten die 23 Kardinäle den Römer Martin V. und setzen damit der 40-jährigen Kirchenspaltung ein Ende. Ebenfalls im Rahmen des Konzils wurde Jan Hus, Prager Professor und Reformer, der gegen die vielen kirchlichen Missstände ankämpfte, trotz Zusicherung von freiem Geleit kurzerhand als Ketzer verurteilt und bei

Die prachtvollen Jugendstilbauten der Seestraße am Rheinufer.

lebendigem Leibe auf dem Scheiterhaufen außerhalb der Stadt verbrannt.
Die 1388 erbaute Getreidescheuer am Gondelhafen, die einst als Lagerhaus diente, wird seit dem Treffen der Kirchenmänner ebenfalls als „Konzil" bezeichnet. Sie bildet am Konstanzer Hafen den historischen Gegenpol zum neuzeitlichen Design der Hafeneinfahrt. Seit 1993 steht dort auf dem ehemaligen Leuchtturm die 9 m hohe „Imperia", kreiert vom Bildhauer Peter Lenk, der auch den Triumphbogen, besser bekannt als Lenk-Brunnen, in Konstanz gestaltet hat. Die „Imperia" sollte eigentlich das Gegenstück zum Lindauer Löwen werden. Ihre Enthüllung führte in Konstanz anfänglich zu heftigen Diskussionen. Die Demontage wurde lauthals, aber letztlich erfolglos eingeklagt. Zwischenzeitlich hat sich die steinerne Lebefrau als Wahrzeichen etabliert. Die provozierende Frauenstatue, auf deren ausgestreckten Händen Kaiser und Papst als kleine nackte Gnome sitzen, beruht auf einer Balzac-Erzählung über die in der Konzilzeit mit kirchlichen Würdeträgern verkehrende Prostituierte „Imperia".
Mit dem Ende des Mittelalters ging es auch mit Konstanz bergab: Kreuzlingen schloss sich der Schweiz an, die Bischöfe verlegten ihren Sitz nach Meersburg, und die Stadt verlor bei einem Krieg die Reichsfreiheit. Außerdem wurden die Handelswege zu den Häfen im Norden Deutschlands verlagert. Daraufhin gehörte Konstanz 250 Jahre lang zu Österreich. 1805 wurde es dem Herzogtum Baden angegliedert.
Durch seine grenznahe Lage ist Konstanz der Schweiz zugewandt. Denn direkt südlich des Bahnhofs am See beginnt die Gemarkung des schweizerischen Kreuzlingen. Bis 1499 gehörte der heutige Kanton Thurgau zum Konstanzer Hinterland. Im zweiten Weltkrieg war Konstanz durch die Nachbarschaft zur Schweiz vor Bombenangriffen geschützt. Entgegen aller Warnungen ließen die Konstanzer nachts ihre Lichter an. So hielten die alliierten Piloten die hell erleuchtete Stadt für eine Schweizer Gemeinde

Das Konzilgebäude direkt am Hafen.

In der gut erhaltenen Altstadt finden sich viele schöne Details aus der Baukunst vergangener Jahrhunderte.

Im Stadtteil Petershausen, abseits aller touristischen Routen, gibt es durchaus Sehenswertes zu entdecken. Alte Villen und schöne Parkanlagen direkt am Seeufer sind im herbstlichen Morgennebel besonders fotogen.

Wer von der Konstanzer Innenstadt aus immer am Seeufer entlang geht, kommt auf dem Weg zur Insel Mainau durch diese schöne Parkanlage mit altem Baumbestand.

und drehten ab. Der historische Altstadtkern konnte dadurch bewahrt werden.
Nach dem Ende des Krieges gewann die Stadt durch den wachsenden Fremdenverkehr wieder an Bedeutung. 1966 wurde die Universität auf dem Gießberg gegründet, an der heute über 10.000 Studenten eingeschrieben sind. Sie erhalten die Stadt jung und beeinflussen das kulturelle Angebot mit. So gibt es in Konstanz neben den historischen Komponenten auch moderne Events und Sehenswürdigkeiten wie beispielsweise den „Konstanzer Jazzherbst", das Seenachtsfest, das Zeltfestival und das Sealife-Center, das zu einer Reise in die Unterwasserwelt einlädt und den Verlauf des Wasser von der Gletscherhöhle bis zum Eintritt in den Bodensee auf faszinierende Art und Weise darstellt.

Reichenau
Die heilige Insel

Gemüsefelder, Obstplantagen, Weinreben, Gewächshäuser und dazwischen die markanten Türme der drei Inselkirchen. Das sind die Erkennungsmerkmale der Reichenau. Der Weg zur Insel führt über einen von Pappeln gesäumten Fahrdamm, vorbei am Schilfgürtel des Wollmatinger Rieds. Dies ist das bedeutendste und mit seinen 760 Hektar größte Naturschutzgebiet am Bodensee. Es bietet mit seinen Flachwasserzonen ein Zuhause für viele Vogelarten, ist Zwischenstation für durchziehende Wasservöge und schützt seltene Tierarten vor dem Aussterben. Auf der Insel angekommen, passiert man zuerst die Oberzeller St. Georgskirche. Sie besticht durch ihre schlichte Form und den massiven, viereckigen Kirchturm und lädt durch besonders gut erhaltene Wandbemalungen zum Staunen ein. In Mittelzell am Gnadenseeufer dominiert der ausladende Bau des Münsters St. Marien und Markus der ehemaligen Benediktinerabtei Die maurisch anmutenden Arkaden, die rot leuchtenden Kirchenfenster und die Einfachheit der Architektur verleihen diesem Gotteshaus eine meditative Atmosphäre. Ein wenig abgeschieden im nordwestlichen Reichenauer Ortsteil Niederzell steht schließlich die 799 erbaute Stiftskirche St. Peter und Paul nur wenige Meter vom Ufer entfernt. Charakteristisch für dieses sakrale Gebäude ist der dreischiffrige Grundriss und die beiden rot-weiß angestrichenen Kirchtürme.

Bischof Pirmin betrat 724 die Reichenau. Er vertrieb die Schlangen und das andere Getier, so berichtet jedenfalls eine Legende, und schlug mit seinem Stab auf den Boden, auf dass sich ein heiliger Quell auftue. Daraufhin gründete er das Kloster Mittelzell. Im Jahr 2000 wurde die Klosterinsel von der UNESCO zum Weltkulturer-

Weltkulturerbe der UNESCO: Das Münster der ehemaligen Benediktinerabtei.

Die im Jahre 888 erbaute Basilika St. Georg ist innen wie außen gelebte Geschichte.

be erklärt, da sie ein wichtiges Zeugnis von der religiösen und kulturellen Rolle eines großen Benediktinerklosters aus dem Mittelalter liefert. Bekannt wurde die 4,5 km lange und 1,5 km breite Insel jedoch nicht nur durch ihre kirchliche Geschichte, sondern vor allem durch den Anbau von qualitativ hochwertigem Gemüse. Mehr als die Hälfte der Inselfläche wird für den Gemüseanbau genutzt. Der fruchtbare Boden und das milde Klima ermöglichen den Inselbewohnern bis zu drei Ernten pro Jahr. Dabei kommen modernste Gerätschaften zum Einsatz und an heißen Sommertagen sorgen riesige Beregnungsanlagen für die Bewässerung der Felder. Im Gegensatz zu dieser technisch versierten Vorgehensweise haben sich die Reichenauer bisher erfolgreich gegen den Bau von großen Hotelanlagen durchgesetzt, was der Insel ihre Gemütlichkeit und ihre natürliche Ausstrahlung bewahrt hat.

Neben den historischen Bauten wohl die wichtigsten Sehenswürdigkeiten der Insel: Endlose Gemüsebeete, die der Insel auch den Beinamen „Gemüseinsel" verschafften.

Nachfolgende Doppelseite: Naturbelassene Schilfgürtel mit Flachwasserzonen sind in den letzten Jahrzehnten immer rarer geworden. Doch seit man weiß, dass die in den letzten Jahren vermehrt auftretenden Hochwasser viel besser von naturbelassenen Stränden absorbiert werden können als von betonierten, beginnen viele Gemeinden Ihre Ufer wieder zu renaturieren.

Allensbach

Schwester der Reichenau

Zwischen Allensbach und dem Schweizer Thurgau liegt die Insel Reichenau.

Besonders vor politischen Wahlen schaut ganz Deutschland nach Allensbach, wo im Institut für Meinungsforschung Prognosen errechnet werden.

Von Allensbach aus hat man einen herrlichen Blick über den Gnadensee, zur Insel Reichenau bis hinüber zum Schweizer Ufer. Im Jahr 998 bekam der Ort von der Reichenau das Marktrecht verliehen und war daraufhin Stapel- und Verladeplatz für die angebauten Naturalien. Allensbach erbrachte den Mönchen aber auch noch eine ganz andere Dienstleistung. Da es auf der Reichenau untersagt war, Waffen mit sich zu führen, wurden Reichenauer Todesurteile auf dem Galgenberg in Allensbach vollstreckt. Läutete jedoch während der Überfahrt die Arme-Sünder-Glocke des Klosters, so war der Verurteilte begnadigt und wurde am Ufer freigelassen und des Landes verwiesen. Diesem Brauch verdankt der Gnadensee seinen Namen. Die historisch gewachsene Zusammengehörigkeit von Allensbach und der Insel Reichenau findet jährlich ihren Ausdruck mit der farbenfrohen „Wasserprozession" beim Heimatfest.
Von der früheren Idylle des Ortes sind noch einzelne Fachwerkhäuser und der schöne Zwiebelkirchturm der Pfarrkirche St. Nikolaus erhalten geblieben. Das ursprünglich gotische Gotteshaus weist im Inneren aufwendige Stuckarbeiten und Deckengemälde auf. Heute ist der Ort durch das „Allensbacher Institut für Demoskopie" und die renommierten „Schmieder Kliniken" bundesweit bekannt, in der Menschen mit Hirnverletzungen rehabilitiert werden.

Stein am Rhein

Ursprung des Hochrheins

Wer durch die Innenstadt von Stein am Rhein schlendert, wird kaum glauben können, dass er sich im 21. Jh. befindet – so gut erhalten sind die Bauten aus vergangenen Tagen.

Das Kloster, bemalte Häuserfassaden, verwinkelte Gassen, Tore und Bögen, Patrizierhäuser mit verspielten Erkern und farbige Dächer mit spitzen Türmchen reihen sich um den Marktplatz und den Stadtbrunnen. Mittendrin erstrahlt das malerische Rathaus aus dem Jahr 1539. Elemente aus Spätgotik und Frührenaissance, wohin das Auge blickt. Besonders schön sind die Fresken des „Roten Ochsen" mit Szenen aus dem Alten Testament.

Stein am Rhein ist die besterhaltenste mittelalterliche Kleinstadt der Schweiz. Durch die günstige Lage an der Einmündung des Untersees in den Hochrhein wurden hier schon in früher Vorzeit die Handelsgüter von den Segelbooten auf die wenigen Rheinkähne verladen. Schon im Namen sind Stein und der Rhein verschmolzen. So ist es nachvollziehbar, dass sich die Stadt Stein stark mit dem Rhein und den dort ansässigen Gemeinden verbunden fühlt und sich die Bewohner bis heute den Fluss hinab nach Schaffhausen orientieren. Mit dem Thurgau, dem ganzen Untersee und den Schwaben haben die Steiner nicht mehr im Sinn, als dass von dort die Touristenströme kommen – bis zu einer Million Besucher sollen es jährlich sein.

Vor rund 1000 Jahren entstand in Stein das Benediktinerkloster St. Georg, dessen Festsaal mit seinen aufwendigen Wandgemälden heute als Museum zu besichtigen ist. Die Ansiedlung der Mönche und die damit einhergehende Einrichtung von Bauernhöfen und Fischersiedlungen begünstigte die Entwicklung des Dorfes. 1267 findet Stein am Rhein in den Geschichtsbüchern erstmals als Stadt Erwähnung. Einige Jahre später wurde sie zur freien Reichsstadt ernannt und seit 1803 gehört sie dem Schweizer Kanton Schaffhausen an.

Ein Kleinod mit historischem Stadtbild ist die am Rhein gelegene Gemeinde Stein.

Mitten im Rhein, nur wenige hundert Meter vor den Toren der Ortschaft, liegt die winzige Insel Werd. Das kleine Haus, auf der sonst sehr naturnahen Insel, beherbergt noch heute Mönche des Franziskaner Ordens, die nach den Regeln des Franz von Assisi in „Gehorsam, Keuschheit und Armut" leben.

Die malerischen Häuser (im wahrsten Sinne des Wortes) am Rathausplatz zeugen von der unglaublichen Mühe, die sich die Bauherren vor vielen hundert Jahren gemacht haben. Stein am Rhein hat die besterhaltenste mittelalterliche Bausubstanz der Schweiz.

Schloss Laufen oberhalb des Rheinfalles dient heute als Jugendherberge.

Das Tosen des Wasser ist schon von weither zu hören. Etwa 4 km stromabwärts von Schaffhausen stürzen sich die Wassermassen des Hochrheins auf einer Breite von 150 m 25 m in die Tiefe. Der Rheinfall ist der größte Wasserfall Europas. Mitten in den weiß schäumenden Wassermassen steht ein Fels, auf dem die Schweizer Fahne unaufhörlich im Wind flattert. Nach der Schneeschmelze in den Alpen im Juni/Juli ist der Rhein am wasserreichsten. 70.000 Liter Wasser fallen pro Sekunde nach unten.
Mit einem Motorboot kann man sich vom Fährmann zum mittleren Felsen oder zum gegenüberliegenden Ufer bringen lassen, um das Wasserspektakel aus unterschiedlichen Perspektiven zu betrachten. Ein Erlebnis, das sich lohnt!
Auf der Anhöhe über dem Wasserfall liegt die Mittelalterliche Burg Schloss Laufen, die heute als Jugendherberge dient. Den schönsten Blick auf den Rheinfall hat man vom Schloss Wörth, einer Wasserburg, die auf einem Kalkfelsen erbaut, früher Zollstätte des Königs war.
Märchenhafte Momente am Rheinfall erlebt man jährlich am 1. August, dem Schweizer Nationalfeiertag, wenn über dem Rheinfall ein großes Feuerwerk den Himmel schmückt und die Felsen im Wasser geheimnisvoll schimmern lässt.

Rheinfall
Ungezähmte Naturgewalt

Hat der Bodensee Hochwasser, bekommt dies auch der Rhein zu spüren. Denn als Abfluss des Sees hat er Mühe, die Wassermassen in seinem Flussbett zu halten.

Der Weg vom Bodensee in die Berge ist nicht weit. Ein toller Kontrast zur weitgehend flachen Bodenseelandschaft.

Ein Märchenland mit grünen Tälern und mächtigen Felsen, glasklaren Seen und schön geschmückten Dörfern und mittendrin ein weltoffenes, humorvolles Völkchen, das vor Lebensfreude sprüht und sich seinen eigenen Rhythmus bewahrt hat. Dies alles ist im Appenzellerland kein Traum sondern Wirklichkeit. Ein gutes Beispiel für den Humor der Appenzeller ist der Witzwanderweg, der von Heiden nach Walzenhausen führt und Witztafeln am Wegrand bereit hält, an denen gelacht und geschmunzelt werden darf. Auf der Wanderstrecke hat man herrliche Ausblicke auf den Bodensee, das Rheindelta und die Bregenzer Bucht. Das kleine Land Appenzell reicht von den Ufern des Bodensees bis zum Säntisgebirge und ist ein Wandereldorado, das von sanften Hügeln undgemütlichen Wanderwegen über Wiesen und Almen bis hin zum voralpinen Alpsteinmassiv alles bereit hält.Mitten in dieser Gebirgswelt liegt der Säntis. Er ist mit seinen 2502 m der höchste Berg der Ostschweiz. Die vier Luftseilbahnen Säntis, Ebenalp, Kronberg und Hoher Kasten ermöglichen eine bequeme Reise zum Aussichtspunkt. Aber es ist auch durchaus reizvoll, den Gipfel mit eigener Körperkraft zu erklimmen.

Der Weg zum Säntis führt durch das Appenzeller, eine wunderschöne hügelige Landschaft, die immer weiter ansteigt, bis sie in den imposanten Bergen der Schweizer Alpen endet.

Appenzellerland

Vom Bodensee bis zum Säntisgebirge

Kaum eine Autostunde von den eher mediterranen Gefilden des Bodensees entfernt, öffnet sich bis spät ins Jahr hinein eine alpine Winterwelt im 180 Grad Panoramablick.

Wer nicht den ganzen Tag wandern will, kann sich von einer modernen Gondelbahn direkt zur Spitze des 2502 m hohen Säntis bringen lassen.

Im Naturschutzgebiet des Rheindeltas findet man immer wieder Bootshäuser der Berufsfischer.

Das Rheindelta, mit 2.000 Hektar das größte Südwasserdelta Europas liegt jenseits der Bregenzer Ach. Als wertvoller Schutzraum beherbergt es seltene Pflanzenarten und heimische Vögel, ist aber auch eine wichtige Zwischenstation für Zugvögel.
Bis 1900 mündete der Rhein noch am Rheinspitz in den Bodensee und lehrte die Bewohner des Deltas die Furcht vor dem Hochwasser. Vor allem während der Schneeschmelze, so berichten Chroniken, soll es hier heftige Überschwemmungen gegeben haben, die den ganzen Landstrich mit seinem Boden, der Ernte, aber auch seinen Häusern verwüsteten. Um dieser Angst ein Ende zu setzen, wurde zwischen Hard und Bregenz ein neues Flussbett gegraben und hohe Dämme gezogen. Seither fließen die Wassermassen des Rheins ohne auszuufern bei Fußach in den Bodensee. Ein weitaus geringerer Teil des Rheinwassers fließt bis nach Rheineck und mündet dort über ein Delta in den See und markiert dabei die Grenze zur Schweiz.
Seit 1976 ist dieses Delta zwischen neuem und „Altem Rhein" als Naturschutzgebiet ausgewiesen und gehört zusammen mit dem Wollmatinger Ried und dem Eriskircher Ried zu den wichtigsten Schutzzonen am See.

Fischerboote in einem Seitenarm des Deltas.

Rheindelta
Zwischenstation für Zugvögel

Nachfolgende Doppelseite: Allein die Gestaltung der auf dem Wasser gebauten Seebühne ist einen Besuch bei den jährlich stattfindenden Bregenzer Festspielen wert.

Bregenz

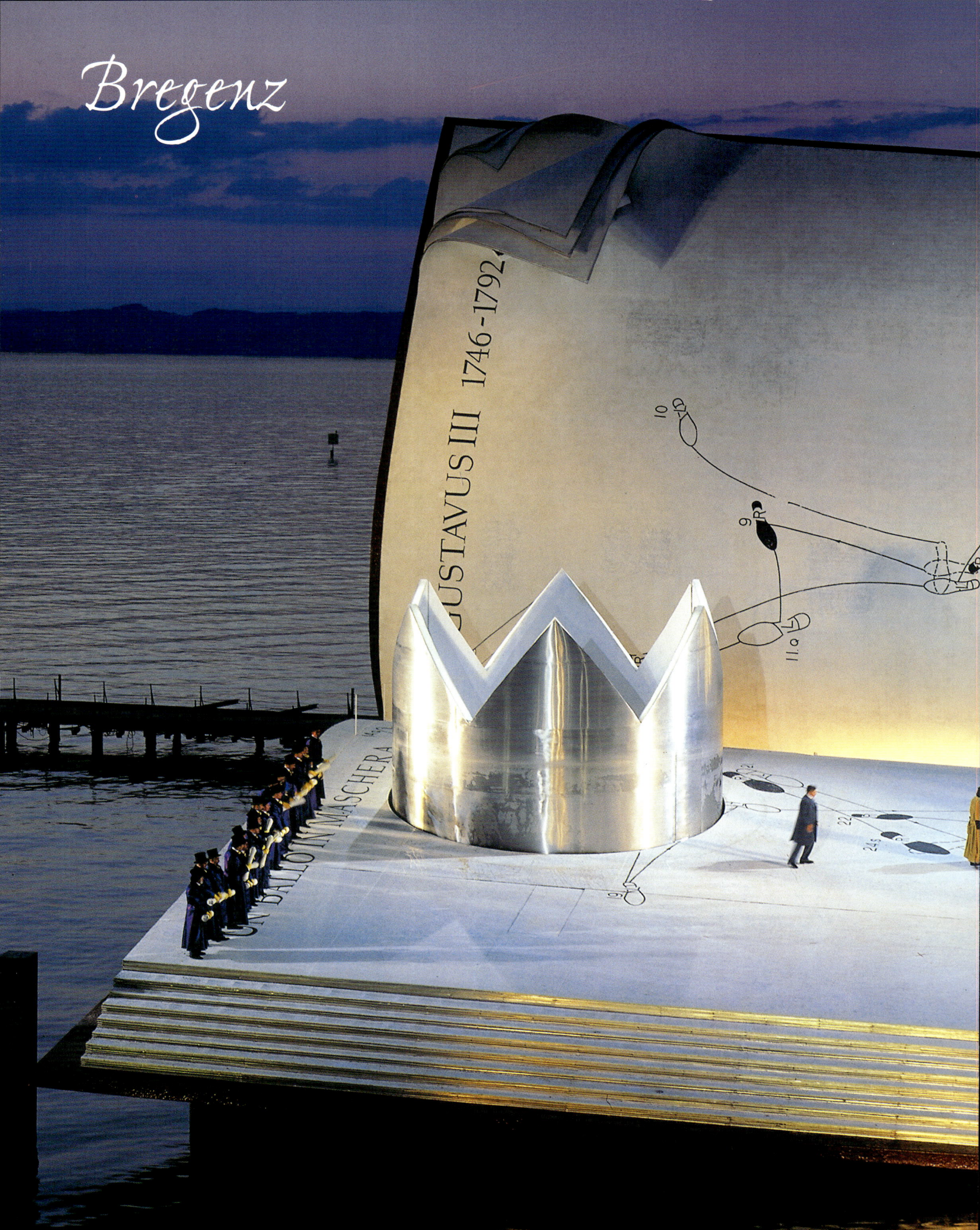

5
4
6
2
28
30
31
32

Uferpavillon in Bregenz.

Zu Füßen des Pfändermassivs und eingebettet in einen halbkreisförmigen Abhang liegt die 28.000 Einwohner Stadt Bregenz am östlichen Ende des Bodensees und bildet die Grenze zu Deutschland.

Die spektakuläre Aussicht über Bregenz und den Bodensee zieht besonders im Sommer unzählige Touristen an, so dass bereits 1927 eine Seilbahn zum Pfänder erbaut wurde. Das moderne Folgemodell schafft heute ca. 800 Personen pro Stunde in jede Richtung. Oben ausgestiegen, sind es dann nur noch 5 Minuten bis zum Gipfel. Doch Wanderfreude können den Berg auch zu Fuß auf schönen Weg durch den Wald gewinnen. Im Winter bietet das Gebiet die Möglichkeit zum Skifahren – und auf einer Rodelstrecke kann man mit viel Spaß per Schlitten das Tal erreichen. Bregenz hat zwei Gesichter. Während in Seenähe das moderne Leben mit Spielcasino, Kunsthaus und Einkaufszentren Platz gefunden hat, scheint in der mittelalterlichen Oberstadt die Zeit stehen geblieben zu sein. Verwinkelte Gassen, alte Fachwerkhäuser und stilvolle Villen entlang der alten Wehrmauer bestimmen die Szenerie der Stadt. Im Mittelpunkt steht dabei der mächtige Martinsturm mit seinem quadratischen Grund-riss und seinem zwiebelförmigen Holzschindeldach. Er wurde zwischen 1599 und 1602 erbaut und ist das erste barocke Bauwerk am Bodensee und gleichzeitig das Wahrzeichen von Bregenz.

Am bekanntesten wurde die österreichische Landeshauptstadt vor allem durch die 1946 gegründeten Bregenzer Festspiele. Direkt am Bodenseeufer befindet sich das See- und Festspielhaus, das in den Sommermonaten durch seine ausgebaute Seebühne nicht nur Opernfans aus aller Welt anlockt. Die „schwimmende Bühne" ist die größte der Welt und fasziniert von Saison zu Saison mit spektakulären Bühnenbildern und eindrucksvollen Inszenierungen Auf den Tribünen finden bis zu 5600 Zuschauer Platz.

Die Bregenzer Stadtpfarrkirche St. Gallus ist uralt und stand einst im Zentrum des alemannischen Dorfes. Sie wurde bereits 1097 urkundlich erwähnt.

Festspielmetropole besonderer Art

Langenargen aus der Luft

Seegfrörne – Vorsicht Eis

Die Seegfrörne ist ein seltenes Geschenk des Winters, das nicht allen Bewohnern des Bodenseeufers im Laufe ihres Lebens gegönnt ist. Doch diejenigen, die Zeuge dieses seltenen Naturereignisses sind und selbst auf der tragfähigen Eisschicht auf die andere Seite des Ufers unterwegs waren, schwärmen noch heute von diesen unvergesslichen Augenblicken. Seit dem Jahr 875 war der Bodensee insgesamt vierunddreißig Mal vollständig zugefroren – zuletzt im Winter 1963. Auch damals warnten Vorsichtschilder zu Beginn der Kältewelle vor der spiegelnden Eisfläche. Doch mit anhaltenden Minusgraden wurde die Seedecke von Tag zu Tag stabiler, bis sich die Menschen schließlich vom 7. Februar bis 10. März ´63 gefahrlos auf dem Wasser tummeln konnten. Selbst Pferde, Radler und einzelne Autofahrer wagten sich aufs dicke Eis. Sogar kleine Flugzeuge landeten auf dem Schwäbischen Meer. Doch in der Chronik der Seegfrörne wird nicht nur von den schönen Seiten berichtet. So mussten beispielsweise im 15. Jh. täglich Fahrrinnen mühsam ins Eis geschlagen werden, damit die Marktschiffe weiter verkehren konnten. Eines davon, so wird in einem Geschichtsbuch berichtet, sei auf einen Eisberg gestoßen und daraufhin mit der gesamten Ladung im See versunken. Zwischen der badischen Gemeinde Hagnau und

(oben) Eisschollen auf dem Bodensee.
(Mitte) Hagnau aus der Luft
(unten) Blick von Reichenauer Schiffslände nach Süden zum Schweizer Ufer.

dem schweizerischen Münsterlingen entstand im Laufe der wiederkehrenden Seegfrörne eine ganz besondere Tradition: Sobald der See vollständig zugefroren ist, starten die Uferbewohner zu einer Eisprozession. Dabei tragen sie die Statue des Heiligen Johannes quer über den See. Am 12. Februar1963 wechselte der Weinheilige das letzte Mal seinen Standort. Seither befindet sich die Figur in Münsterlingen und wartet darauf, bei der nächsten langen Kältewelle zurück nach Hagnau gebracht zu werden, wo sie zuvor 133 Jahre lang stand..

Bildnachweis

Theo Keller
Seite 127 oben und unten

Markus Mauthe
Seite 1, 2, 4 unten 10/11, 16,17, 18/19, 20/21, 22, 23, 26, 28/29, 30, 31, 32, 33, 34, 35, 36, 37, 38, 39, 40, 41, 42, 43, 44/45, 46, 47, 48, 49, 50/51, 52, 54/55, 57, 58/59, 60, 61, 62, 63, 66 unten, 68/69, 70/71, 72/73, 74, 75, 76/77, 78, 79, 80/81, 85 oben, 86 oben, 87, 93, 94, 96, 97, 98/99, 100, 101, 104 unten, 108, 109 unten, 112, 113, 114, 115, 116/117, 122/123, 124, 125,

Heinz Spiering
Seite 4/5, 24/25, 27, 64/65, 66 oben, 67, 82/83, 84 , 85 unten, 86 unten, 88, 89, 90/91, 92, 95, 102/103, 104/105, 106/107, 109 oben, 110/111, 118/119, 120, 121,

Franz Thorbecke
Seite 126 , 127 Mitte

Tommy Walz
Seite 8, 12/13, 14, 15